CLÉMENT DE RIS

CLÉMENT DE RIS

La Gazette des Beaux-Arts vient, après tant de deuils, d'éprouver une perte cruelle qui sera vivement ressentie par tous ses lecteurs, et plus douloureusement encore par les confrères de l'excellent homme et du savant critique qu'une mort inopinée enlève à leur affection. Le comte Clément de Ris a succombé le 10 octobre, âgé de soixante et un ans, à cette redoutable maladie de cœur qui inquiétait depuis cinq mois sa famille et ses amis.

Quoique trop courte, sa carrière a été dignement et utilement remplie. Critique d'une compétence reconnue, fonctionnaire vigilant, organisateur éclairé de nos Salons annuels, bibliophile érudit, il employait son activité de fin connaisseur et de juge clairvoyant à une rare diversité de travaux également appréciés.

Il débuta à l'âge de dix-sept ans par des études littéraires qui annonçaient un écrivain de race, un observateur ingénieux, dont l'ardeur juvénile était tempérée par un aimable esprit de tolérance. Bientôt la critique d'art accapara presque exclusivement ses brillantes facultés; formé par ses premiers essais au difficile métier d'écrivain, il apportait dans ses nouvelles études une élégante dextérité de plume et le solide éclat d'un style déjà mûri. A cette époque lointaine, — il y a plus de trente ans, — le romantisme livrait ses derniers et décisifs assauts aux vieilles traditions de l'école classique ; bien que fier de plus d'une victoire et presque assuré du triomphe définitif, il lui restait encore des luttes acharnées à soutenir avant de conquérir la place et de s'y installer en maître reconnu. Clément de Ris se jeta hardiment dans la mêlée et combattit au premier rang de l'armée romantique. Sans perdre dans ce tournoi, dont les anciens se rappellent les chocs impétueux, aucune de ses habitudes de bon ton et de courtoisie native, il y déploya une fougue de néophyte et une ardeur de victoire que calmèrent plus tard les sereines leçons d'un éclectisme sagement impartial.

Appelé au Louvre comme attaché à la conservation du Musée des souverains, puis à celle du département de la Renaissance, enfin à celle de la peinture et des dessins, il sentit, par cet effet de pondération que produit le spectacle habituel des chefs-d'œuvre les plus divers, un salutaire apaisement des entraînements de la première *heure; il apprit à respecter, dans la multiplicité si variée de leurs formes, les manifestations les plus opposées de l'art, à aimer sans acception d'écoles tout ce qui est véritablement honnête et beau.*

Le milieu où Clément de Ris se trouvait alors placé était des plus favorables à ce juste équilibre de sympathies et d'admirations.

Dans cette vieille maison du Louvre, que ses confrères et lui regardaient comme une patrie d'élection, il s'était formé un groupe serré d'hommes savants et laborieux, vivant d'une vie commune, étroitement unis par les liens d'une intelligente et noble confraternité; il s'était établi entre eux un continuel échange de conseils bienveillants, d'éclaircissements utiles, une sorte d'enseignement mutuel qui tournait au profit de tous. Et c'est ainsi que plusieurs travaux de longue haleine, signés d'un nom unique, étaient en réalité une œuvre commune, menée à bonne fin par l'opiniâtre persévérance d'une affectueuse camaraderie. Heu-

reuse réunion d'hommes d'élite, d'où les basses jalousies, les rivalités même, étaient bannies et où le triomphe d'un seul rejaillissait sur tous; où l'on faisait un doux commerce de cordiale amitié et d'estime réciproque, à l'abri des querelles du dehors qui venaient expirer devant la beauté calme et majestueuse des chefs-d'œuvre de la grande maison. On s'entretenait sans réticences soupçonneuses des succès de la veille, des travaux de l'heure présente, des projets d'avenir; on recourait sans façon à la sûre expérience de celui-ci, à l'infatigable mémoire de celui-là; on s'entr'aidait sans mesurer l'importance, sans compter le nombre des services rendus, avec cette spontanéité désintéressée d'un petit monde fortuné où tous vivaient pour chacun et chacun pour tous.

Au milieu de cette demeure meublée des productions incomparables de l'art et peuplée de si fidèles amis, Clément de Ris, un des plus aimants et des plus aimés, apportait sa large part au travail journalier.

*Tantôt il publiait dans l'*ARTISTE*, qui l'avait enrôlé dès 1841, une suite de* SALONS *« où d'une plume légère et sans merci étaient glorifiés les jeunes coloristes à tous crins, disciples des Delacroix, des Decamps, des Leleux et de Jean Gigoux*[1] *»; c'était l'époque de la jeunesse, alors que toutes les préférences du critique se portaient vers le romantisme, en peinture du moins, car en littérature il resta toujours, par une inconséquence volontaire, fidèle à l'école du bon sens. Tantôt il imprimait à Tours (1853) un recueil de poésies d'une inspiration lamartinienne : « Nous avons tous, disait-il plus tard, été poètes à notre heure, nous avons trempé nos lèvres à la coupe sacrée; mais personne ne l'a complètement vidée, personne n'a eu la force d'y revenir. Il y a trente ans on s'y enivrait. » Clément de Ris fit plus que « tremper ses lèvres à la coupe sacrée »; il y but à plusieurs re-*

---

1. *Voy. les piquants et fantaisistes* Mémoires de l'Académie de Bellesme, *par M. de Saint-Santin (marquis de Chennevières).*

prises et sous ce titre, PLAISIRS ET DOULEURS, il publiait un second volume de vers. Tantôt il consacrait à certaines collections du Louvre des notices empreintes d'une consciencieuse érudition. Puis dans ses PORTRAITS A LA PLUME et dans sa CRITIQUE D'ART ET DE LITTERATURE, il passait en revue les maîtres des lettres contemporaines, sauf deux des plus grands, il est vrai, Lamartine et Victor Hugo. Pénétré du rôle élevé de la critique, il lui assignait, avec quelque exagération peut-être, la première place dans l'œuvre du XIXe siècle; c'était, disait-il, « à la critique, à la vraie forme littéraire de nos jours, que notre époque devait non seulement son véritable caractère, mais encore le maintien de son rang à l'égal des plus glorieuses ères littéraires de notre histoire ». Et comme pour affirmer la sincérité de sa vocation, il allait d'un bout à l'autre de la France, explorant les musées de province, puis par toute l'Europe, de Madrid à Vienne, à Copenhague, à Stockholm, à Saint-Pétersbourg, *amassant de nombreux matériaux pour des études dont il enrichissait les principales revues de Paris et des départements, et dont ce recueil a eu la plus grande partie. Mais le livre qui restera son meilleur titre est ce gros et solide volume sur les* AMATEURS D'AUTREFOIS, *qui nous présente les Grolier, les de Thou, les Jabach, les Crozat, les Mariette, et tous ces collectionneurs justement renommés pour leur zèle acharné et leur goût délicat.*

Clément de Ris était de leur famille : lui aussi, il avait la science et l'amour des belles estampes et des beaux livres; il lui plaisait de se distraire de ses autres travaux par une collaboration récréative au BULLETIN DES BIBLIOPHILES; *il croyait que les livres rendent meilleur :* « *Connaissez-vous un seul bibliophile qui n'ait pas été un homme modéré, indulgent, de relations aussi agréables que sûres, facile dans ses rapports, fidèle dans ses amitiés, sévère pour lui, faible pour les autres!* » *En songeant à Grolier, Clément de Ris trace son propre portrait. Nul, en effet, n'eut de plus rares qualités de cœur et d'esprit : constant dans ses affections, amoureux de son métier, serviable et dévoué, d'une égalité d'humeur que la maladie n'avait point altérée, toujours bon et souriant, il appelait l'amitié sans effort, par les franches séductions de son excellente nature. Qui n'était heureux de causer avec lui et ne sortait de ces entretiens instruit et charmé? Quelle pénétrante chaleur de parole, et en même temps quel ordre, quelle méthode, quelle sage économie dans la suite facile des idées!*

Conservateur du Musée historique de Versailles depuis 1875, ce n'était pas sans regret qu'il avait quitté la maison mère, le Louvre adoré; mais il y retournait aussi souvent que possible, saisissant avec empressement toutes les occasions, et de Paris on venait le voir dans sa calme retraite du royal château, où sa sérénité était parfois troublée par les sourdes compétitions qui s'agitaient autour d'une place enviée, que personne n'eût tenue comme lui. Toujours actif, malgré les premières atteintes du mal dont le dénouement était si proche, il prêtait son concours aux travaux et aux expositions du Musée des Arts décoratifs, *qui lui doit quelques-uns de ses catalogues les mieux rédigés.*

Jamais son dévouement ne fit défaut à cette œuvre, dont il appréciait l'utile portée et dont les collaborateurs les plus assidus étaient au nombre de ses meilleurs amis. Plus d'une fois nous avons donné ensemble d'agréables heures à ces Arts décoratifs *qui nous intéressaient également. Son esprit alerte et vif, son entrain, sa bonne humeur changeaient les menues fatigues du travail en un véritable plaisir. Combien ne regretta-t-il pas de ne pouvoir fournir à notre dernière exposition son contingent de précieux conseils! Il ne la vit même pas; la maladie le retenait à Versailles, où de tendres soins auraient prolongé sa vie si l'affection la plus dévouée, la sollicitude la plus vigilante d'une épouse et d'une fille suffisaient à désarmer la mort. Au moins il a jusqu'à la fin conservé toute la netteté de sa saine et lucide intelligence; ses dernières minutes même ont été employées à ces conversations sur l'art qui, après avoir été le charme de toute sa vie, restaient la plus sûre distraction de ses continuelles souffrances. Nous causions avec lui d'un court voyage que nous venions de faire en Italie; il nous félicitait d'avoir revu tant de belles choses; il croyait presque les revoir avec nous, et le réveil de ces souvenirs ranimait son bon et doux visage, quand tout à coup, pris d'une douleur subite, il s'écria: « Je n'en puis plus » et expira presque aussitôt, non sans avoir eu le temps d'entendre les consolantes paroles de la religion, qu'il pratiquait avec un pieux respect. Mort prématurée, sans doute, et cruellement soudaine pour la veuve et la fille qui le pleurent, pour nous tous qui l'avons connu et chéri, mais heureuse, en somme, puis-*

qu'elle a été exempte des rudes épreuves de l'agonie et que jusqu'au moment suprême Clément de Ris a pu parler de ce qu'il a tant aimé.

CHARLES EPHRUSSI.

15 octobre 1882.

www.ingramcontent.com/pod-product-compliance
Lightning Source LLC
Chambersburg PA
CBHW061519040426
42450CB00008B/1698